BASTA!

HAI ROTTO...LA COZZA

Bagnasciuga Romagna

con la collaborazione di Ricky Castillo

E il mare che scaglia a scaglia,
livido, muta colore,
lancia a terra una tromba
di schiume intorte.

da "Corno Inglese"
Eugenio Montale

INTRODUZIONE

Il bagnasciuga è un lembo terracqueo di confine, in perenne movimento, seppur entro un margine, e non di pochi cm., almeno in Adriatico, se si pensa alle maree, alle mareggiate, comunque limitate rispetto a quelle degli Oceani. Un confine inconsueto per chi è avvezzo a dogane, strade, fili spinati e sempre attuali muri, dove la linea di demarcazione è netta, inequivocabile. Battuto dal vento e, soprattutto nei mesi estivi, trafitto per molte ore dal sole, visto che mai nessuna ombra lo allevia: un rovente talamo, dove si consuma il matrimonio tra i quattro elementi generatori.

È in questo ritaglio che l'uomo imprime quanto più lo identifica: l'orma. Dopo che da millenni abbiamo smesso di rivelarla, nascosta dentro suole d'ogni foggia, almeno per alcuni giorni all'anno, il bagnasciuga è uno dei pochi luoghi nel pianeta, capace di svelarla, ma come vogliono le leggi moderne, con discrezione e soltanto per qualche momento, il tempo che un' onda la cancelli.

Pochi posti al mondo, come la Romagna, per circa cento giorni, vedono quest'orlo di limo, assediato, come se una febbre, una linea rossa lo avvolgesse, e uno spaccato del sapiens contemporaneo, proveniente da ogni continente, qui si desse appuntamento. Ammesso che mai lo sia stato, adesso non è più un confine: è un aconfine. Come se dopo i lunghi mesi invernali, diventasse una sorta di filtro: col freddo poche persone lo percorrono, per poi aumentare gradualmente, fino ad ammassarsi nel caldo estivo, finché, finalmente, i primi fortunali settembrini, lo ripuliscono, e da quel momento, riprendesse il suo ciclo naturale.

Quanto è riportato in questa sorta di diario-cronaca è la descrizione del flusso umano (non solo), particolarmente intenso nella tarda mattinata e nel pomeriggio. Inevitabilmente, si son dovute fare delle scelte: i più rappresentativi, più conformisti o anticonformisti, quelli che la penna riusciva a tratteggiare (magari con rammarico s'intravedevano altri che lo meritassero, ma si era impossibilitati a farlo), quelli lenti, quelli scelti dal caso.

La cronistoria è stata eseguita nella giornata del 3 agosto 2020, a Cattolica, sul bagnasciuga e adiacenze, prospiciente la spiaggia libera, posta a fianco del bagno n. 41, dalle ore 6.30 (anche qualche minuto dopo), fino alle ore 21 (anche qualche minuto prima). Tutte le persone o i personaggi (al lettore il compito di classificarli) sono quindi reali, o almeno lo è il loro ritratto esteriore, e quindi ci scusiamo in anticipo se qualcuno riconoscendosi, non rimarrà completamente soddisfatto della ricostruzione. In base a questa, ai movimenti, a come interloquivano con vicini, con animali, oggetti, si è cercato di scoprire più a fondo i loro gusti, abitudini, valori, ed orientamenti, senza avere le pretese di aver fornito dati per una ricerca sociologica, antropologica e sociale: anzi.

Così, forse per gioco, dopo l'esposizione di ciascuno, c'è stato un compendio in base alla presenza di tatuaggi e della mascherina. Ma l'impresa più ardimentosa, è stata quella di pronosticare a chi andrebbero le rispettive preferenze politiche: ovviamente il riscon-

tro meno oggettivo, e forse per questo il più arcano e
seducente.

Alba (abbondante)

La discesa verso il mare racchiude in sé qualcosa di primordiale. Benchè gli ombrelloni, il calpestio delle scarpe sulla passerella, richiamino all'oggi, il vento sul viso, gli azzurri all'orizzonte e poi il contatto con la sabbia, riconducono innegabilmente alle origini. Basta lambire l'acqua per irrompere nel tempo. Non si è più solo nel Ventiventi, ma avendo, da tempo immemore, l'uomo già calcato queste sabbie, si addiviene eroi garibaldini, amici di Sigismondo Malatesta o del rivale Federico da Montefeltro, veterani romani, naufraghi micenei, mastodontici neanderthaliani, perché le incantevoli sensazioni sono rimaste inalterate, attraverso le generazioni.

I nostri proponimenti ci impegnavano a rimirare l'alba ma l'orologio-cellulare non ha svolto il suo compito: di certo gli uomini del passato, col loro orologio biologico sarebbero stati più puntuali, e, quando si inizia a osservare, il sole è già una palla rotonda a oriente, e per di più alcune nubi scure, a tratti, lo celano. Il loro contrasto con la sfera infuocata regala uno squarcio di rosa sullo sfondo, capace di ridestare anche i più assonnati.

Quest'ora abbondante si passa in cammino, in direzione nord e sorprende come ci sia già molto movimento: anziani, donne, atleti, cani al guinzaglio, alcuni telefonini. Colpiscono le decine di gabbiani accovacciati sugli scogli, posti a qualche decina di metri dalla spiaggia: sembra attendano lo start per la partenza e infatti, verso le sette, all'unisono s'alzano, senza una direzione definita, un percorso chiaro: svolazzano.

Se all'inizio s'incrociano veramente poche persone, circa una ogni due, tre minuti, verso le sette le presenze aumentano. Si può così ipotizzare che fin dalle prime luci, qualche appassionato incedesse sulla rena.

Dal bagnasciuga gli odori sono inequivocabili: la narice verso il mare annusa il salmastro, quella opposta i bomboloni.

Primo incontro. Settantenne abbronzato, smunto, in magliettina e pantaloncini. Dimena le braccia e tiene la testa sempre in basso. Rimugina, bofonchia tra sé. I solchi profondi sul viso lo riconducono al mondo contadino.

No tatuaggi
No mascherina
Voto: Lega per Salvini Premier

Due donne corrono sgraziate, tenendosi per mano; una ottantenne, l'altra sessantenne. Devono essere madre e figlia perché hanno lo stesso sorriso ilare e stranito. Dopo un quarto d'ora si rincontrano in senso inverso. Adesso camminano appesantite, palesemente spompate, ma con lo stesso sorriso ilare.

No tatuaggi
No mascherine
Voto: M5S

Ragazza quindicenne seduta con le braccia raccolte tra le ginocchia, forse per il fresco, forse per meditare. La pulita faccia sonnacchiosa si riscalda ai deboli raggi obliqui. E' palese che si sia appena alzata e non deve aver fatto comunella col gruppo di coetanei incrociato poco prima sulla strada: trucco pesante, rossetto colato, jeans strappati. Si fa compagnia coi suoi pensieri. Al ritorno, dopo mezz'ora, la posizione è la stessa, il sonno è lo stesso, i pensieri (o i sogni) chissà se gli stessi.

No tatuaggi
No mascherina
Voto: Compagna di banco
        come rappresentante
        al Consiglio di Classe

Settantenne piccolo, canottiera bianca con sottili costolature verticali. Ancora non lo vedi, ma si sente, o meglio si sente la sua radiolina rossa, stretta nella mano sinistra. Sintonizzato su un radiogiornale, rigorosamente Rai, a volume alto al punto che protesteranno i villeggianti risvegliati nelle loro camere d'albergo. Sul bagnasciuga, sopra un sentiero dolomitico, in Piazza del Duomo, per lui è completamente indifferente, purché cammini verso "Il sol dell'avvenire".

No tatuaggio (ma forse nascosta una falce e
               martello)
No mascherina
Voto: Partito Comunista

Clopf, clopf, clopf, è lo scalpiccio di un sessantenne, agghindato con tanto di completo scuro, compreso berrettino con visiera. Il suono fastidioso, generato dalla pressione delle Crocs (ciabatte con buchi stile emmental) a contatto con la fanghiglia del bagnasciuga. Più che una corsa, la sua, sembra una marcia: prima un'anca, poi l'altra, e così via. È costante. Un metronomo rompiballe.

No mascherina
No tatuaggio
Voto: Fare

Donna quarantenne completamente vestita. Lunghi capelli scuri. Cuffie bianche alle orecchie allacciate sopra il capo. Maglietta latte, pantaloni attillati, maglione ciliegia, allacciato ai fianchi, ciabatte latte macchiato (forse per inciampo cameriere impacciato). Di esposto ha soltanto le mani e un interstizio tra piede e caviglia. Ma la vista si galvanizza contemplando la mascherina: nera ad esclusione di un perfetto tondo bianco, all'altezza di naso-bocca, con riprodotto un affinato simbolo della pace. Dopo una decina di minuti si distende in posizioni yoga; con le cuffie assapora musica.

Tatuaggio Impossibile saperlo
Mascherina: Uno spettacolo
Voto: Ulivo

Uomo sessantenne. Altezza 1,65cm. circa. Maglietta bianca. Pantaloncini neri con strisce laterali rosse. Ciabatte. In una mano cellulare, nell'altro braccio mascherina scura. Sul lato sinistro della fronte, un neo rotondeggiante. Capelli diradati bianco candido (più della maglietta), inducono a ipotizzare abbiano una scarsa frequentazione con lo sciampo. Su entrambi i lobi tre orecchini ad anello, dal diametro di almeno un cm., odoranti di vecchiume. Leggermente sovrappeso; ogni volta che incrocia una donna la punta, la scruta, finché la legge della fisica lo porta al limite del torcicollo.

No tatuaggio
Si mascherina
Non vota dall'epoca di Cicciolina

I bagnini sfiorano il bagnasciuga muniti di rastrello; alcuni hanno già svolto la mansione come si evince dai vari mucchietti di alghe ben allineati, altri incedono ancora appesantiti, reduci dall'ennesima nottata di liscio, whisky a gogo e milfone teutoniche. Dall'ultima fila degli ombrelloni le "pettinate" lambiscono il bagnasciuga: si trattengono a pochi centimetri dall'acqua, perché il bagnasciuga è anarchico e non può soggiacere a nessuna legge, compreso quella dei "parrucchieri" in canotta rossa.

L'omino col metal detector. Da lontano sembra un tecnico della NASA, da vicino potrebbe essere un perito meccanico di Imola. Indossa una muta pesante, nera con fasce blu alle braccia. Alle orecchie due cuffie giallo smagliante e allo stomaco un marchingegno meccanico. La mano destra sott'acqua, e la sinistra imbraca un'asta. Il suo compito è ritrovare oggetti di metallo, smarriti dai bagnanti tra bagnasciuga e i primi metri in acqua. E' il moderno cercatore d'oro, ma, invece, che setacciare tra le montagne, lo fa al mare. Potresti spernacchiarlo, avvisarlo dell'arrivo di uno tsunami, gridargli che la moglie lo sta tradendo con un vero cercatore di pepite, ma lui rimarrebbe imperturbabile. Non sente, non vede, non percepisce: la sua stella cometa è il metallo. Deve avere il cuore di ferro, i denti d'oro e il pene…beh se la moglie lo tradisce col pepitaro, una ragione deve pur esserci. L'unica emozione deve provarla quando il segnale lo avvisa di una presenza metallifera. Allora, una smorfia avvolge la bocca e inizia a vangare, facendo leva con un braccio e una gamba, per poi tornare con lo sguardo inamovibile.

Tatuaggio Chissà!
No mascherina
Voto: Lega (di metallo)

"Vai da mamma!", esclama una bella ragazzotta incinta o in carne, rivolgendosi a un cane ma indicando un uomo. L'animale se ne sbatte altamente dell'invito e all'impazzata corre tra sabbia e acqua, inzaccherando nell'ordine: un'anziana spaurita che va a gambe all'aria, un bambino mentre azzanna un cornetto alla crema, e un potenziale avvocato, assorto nella lettura del giornale. La ragazza si scusa, rimprovera la bestiola, ma è troppo tardi per evitare gli insulti del papà del bimbo e la minaccia di denuncia dell'ipotetico avvocato.

Tatuaggio al braccio per la ragazza
No mascherine
Voto: Uomo M5S
     L' anziana Pd
     L' avvocato? Partito Liberale
     La ragazza Verdi Verdi
     Il cane ancora non può votare

A proposito di cani, sopraggiunge un signore pacioso, allampanato, capelli scarmigliati. Deve essere stato buttato giù dal letto inopinatamente, dalla moglie, al grido di "Porta a fare un giro al cane", oppure dal volume della radiolina del "Compagno", transitato una mezzora prima. Assonnato, caracolla ed è la bestiola che porta in giro lui. Gli impone di corricchiare, poi si blocca fulminea e impenitente, riparte. Sobbalzi si susseguono a repentini arresti. L'augurio è che non abbia fatto colazione, in caso contrario, alla prima incurvatura della costa c'è il rischio concreto di un'inattesa alta marea.

No tatuaggio
Mascherina: al braccio (o forse è il sacchettino
          per sterco canino)
Voto: Entrambi Movimento Nazionale per la
      Sovranità

Cinquantenne signorile. Capelli biondo fieno, fin sotto le scapole. Veste vagamente tigrata. Ray ban. Tiene a guinzaglio, uno per mano, due piccoli cani, completamente identici: le dettano il passo. Non li riprende mai. Avvolgenti i tatuaggi; uno per ogni braccio, tra dita e gomito, equidistanti, mentre sul collo campeggia la scritta "One Love". C'è totale armonia tra tatuaggi, passi, cani e capelli.

Tatuaggi da manuale
No mascherina
Voto: U2

La incrocia, quarantenne tozzo, con un passeggino. Barba incolta, capelli in disordine, polo blu (che si toglie mostrando ettolitri di sudore), pantaloncini bianchi a righe blu. All'improvviso, un essere si sporge dal passeggino, e cosa fa, si lancia! Un brivido percorre i presenti, pronti a urlare contro il padre distratto, irresponsabile "Attento al bambinooo". Ma quello che si butta sulla sabbia è un cane, un piccolo cagnolino. Il padrone lo rincorre, lo rimprovera, ma lui non vuol saperne di tornare al proprio posto.

No tatuaggio
No mascherina
Voto: Lega per Salvini Premier

Signore, con occhiali a culo di bottiglia, procede ricurvo. È il primo che scruta conchiglie. Forse la sua miopia è anche figlia di tale osservazione marina. Ma qualcuno lo avvisi che le conchiglie si possono rimirare su Google; è forse impazzito a volerlo fare proprio in una spiaggia!

Tatuaggio al braccio (auspicabile valva)
No mascherina
Non vota perché non rintraccia il seggio elettorale

A ridosso del moscone del salvataggio, padre e figlio s'intrattengono in esercizi ginnici faticosi. A un certo punto, il genitore inizia ad armeggiare con orologio, o simile, mentre il ragazzo corre da fermo sul posto. Vestiti identici. Pettinati identici. Movenze identiche. Anche la corsa è identica.

No tatuaggio
No mascherina
Voto: Identità e Azione

L'odore di cappuccini e brioche, proveniente dal bar sul pontile, coi pilastri rotondi conficcati tra bagnasciuga e acque, è una calamita per molti, anche per chi arriva dalla vicina strada centrale. Fra gli avventori, per la colazione, emerge, in tutto il suo fulgore, un bikers. Deve aver abbandonato la moto in qualche anfratto, attratto dalla "musica" di creme, cioccolate e caffè. Sembra Augusto Daolio con tanto di maglietta, con disegnati motociclisti davanti e dietro; anelli infilati per ciascuna delle dieci dita, e poi il cappello: armoniche incisioni si sovrappongono a impercettibili scalfitture su un cuoio marrone castagna, ma che in origine doveva essere color avorio. Siede al bar, almeno per un'ora, avendolo incontrato sia all'andata che al ritorno, praticamente senza mai essersi scostato di un millimetro, tranne che se prima si rimpinzava, adesso legge un quotidiano. Ma la questione basilare è :"Cosa ci faccia così presto alzato?" o forse ancora più azzeccata:"A che ora si deciderà ad andare a letto?". Potrebbe essere un cassintegrato degli altoforni di Terni, così come un cattedratico del Württemberg

Tatuaggi: Di certificati alcuni sotto gli anelli, a forma
          di anelli
No mascherina. Si barba fluente
Voto: Nella prima ipotesi, sulla scheda
      scarabocchia un "Andate tutti a cagare"
      Nella seconda, se stesso, in quanto
      candidato della Linke

Bambina piccola con secchiello giallo in una mano e paletta rossa nell'altra, tampina costantemente il papà, dal costume azzurro corto e attillato; è sempre al telefonino, ma la bimba insiste. Lo segue, lo interpella; esige attenzioni, invece da lui rivolte soltanto alla scatoletta sonora. Tanto più la scansa, tanto più lei lo pedina, finché, vuoi per la stanchezza, vuoi per la perdita di equilibrio, si appoggia alla sua gamba destra, afferrando il bordo dello slip, spostandolo in basso di qualche centimetro, col rischio di veder traslocare il parente nel campo nudisti; il genitore velocissimo si risistema e, chiudendo la conversazione telefonica, si rivolge infuriato verso la piccola, sbottando" Basta! Hai rotto... la cozza", palpeggiando dentro il secchiello, con la certezza di trovarne almeno un frammento. Poi, a piccoli passi, s'incamminano verso l'ombrellone.

No tatuaggi
No mascherina
Voto: su piattaforma Rousseau #Di Maio

La passeggiata s'infittisce e fino a mezzogiorno è un continuo crescendo.

Donna quarantenne in completo rosso, zaino rosa e occhiali da sole. Procede pensierosa e a capo chino.

No tatuaggi, ma cerotto vistoso quadrato sul ginoc-
chio sinistro
No mascherina
Voto: Potere al Popolo

Bambina si lamenta"Non voglio più camminare" ma la mamma insiste, e lei "Non voglio vedere i granchi, ho paura" e si tira il cappellino sulla faccia, conti-nuando a lamentarsi, nell'indifferenza del genitore che le impone di procedere senza discussioni.

No tatuaggi
No mascherina
Voto: Mamma Azzolina forever
        Bimba la butta in bianco
        per non prendere un granchio

Toc-toc- punf. Ancora. Toc- toc- punf. Due giovani si cimentano coi racchettoni. Di nuovo. Toc- toc-pluch. Non demordono. Toc- toc- Aii- aii " Sei un bel patacca". Gli urla il colpito sulla testa con la pal-lina. Ultimo tentativo. Toc- punf.

Dopo cinque minuti, ci riprovano, questa volta con il calcio. Un tiro, due, un inciampo, con caduta e risata. Finalmente si arrendono. Possono sempre darsi all'ippica: magari sui cavallucci marini.

No tatuaggi
Si mascherina
Voto: Prendono sicuri la mira con la scheda
      elettorale per centrare la fessura...lanciano
      e floop

Ci siamo distratti alcuni minuti ed è comparso un ragazzo. Dalla fisionomia, dall'abbigliamento e soprattutto dall'andatura sembra originario dell'est. Munito soltanto di cappellino a visiera giallo e zaino. Dalla mattina alle nove fino alla sera non si allontanerà quasi mai dall'asciugamano, come fosse la proprietà che nessuno deve inviolare, che gli arreca protezione, sicurezza: disteso, rilassato, ma sempre pronto a captare la minima novità nei suoi paraggi. Osserva e immagazzina: il mare prossimo, la linea dell'orizzonte, i passanti, i bambini, i giocatori, ma l'attenzione si focalizza soprattutto sulle ragazze. Solo un paio di volte mette i piedi in acqua, timido, per subito ripiegare nella sua postazione. Impacciato e incerto non sa se andare a immergersi o meno: lo desidererebbe, ma allo stesso tempo preferisce il caldo e l'asciutto: lo chiameremo Andrei.

No tatuaggi
No mascherina
Voto: Edinaja Rossija (Russia Unita)

Sessantenne in grigio: pantaloncini e maglietta. Cammina veloce, a passi d'anatra, ravvicinati e con le ginocchia divaricate. Le mani si agitano vigorose. Orologio e marsupio sulla pancia, accentuano l'effetto pinguitudine.

No tatuaggi
No mascherina
Voto: Forza Italia

Due coppie, tra loro sconosciute, gravitano negli stessi metri quadrati per mezzora abbondante, tra mare e bagnasciuga. Una, formata da venticinquenni con bambino di pochi mesi, impacciato in salvagente elefantesco. Lui con orecchino, tatuaggio al braccio, effigiato con una spessa striscia scura; la perseveranza amorevole rivolta verso il piccolo, rivela quanto abbia a cuore anche la compagna, cui rivolge ammiccamenti, sorrisi caldi, ricambiati; lei, ha leggiadri tatuaggi a un braccio; trabocca di anelli, e lunghi capelli.

L'altra coppia è oltre gli ottanta, per loro fortuna ancora in gamba, potenzialmente bis e trisnonni dei vicini. Lei s'aiuta con una stampella e lui, con candida tenerezza, l'accompagna con lo sguardo, l'attende ameno. Avvicinandosi si sfiorano, scambiano cenni d'intesa. Chissà, forse ricordano quando una sessantina d'anni fa erano sempre qui, immedesimandosi nella coppia al loro fianco. Di tatuaggi non c'è la minima traccia, l'unico che si sono permessi è il cuoricino inciso nella corteccia di casa, sette-otto decenni prima, con dentro le loro iniziali.

Mentre l'uomo anziano dispone della sua capigliatura per intero, soltanto leggermente incanutita, il giovane è completamente pelato.

Tatuaggi: Gli anziani nella norma,
        i giovani nella norma
Mascherina: Né giovani, né anziani
Voto: Essendo tutti iscritti alla CGIL,
        di conseguenza i giovani per la Lega,
        gli anziani per il Pd

Il fotografo professionista. Cammina cercando un contatto con ogni persona incrociata e immancabilmente, di fronte ai familiari di un bambino, sciorina un "Ma che bello, mettiti in posa", inginocchiandosi e, nonostante spesso la mamma di turno lo inviti a soprassedere, come i lavavetri posizionati ai semafori, non demorde e inizia compulsivo a scattare. Si arrende soltanto quando il piccolo viene allontanato e allora immancabile, rivolge un sorriso educato ma amaro e un saluto, ai mancati clienti, proprio mentre a fatica si rialza con l'apparecchio fotografico in mano, un altro strumento al collo e una grande borsa a tracolla, rendendo l'operazione alquanto improba.
E in una di queste, mostra la sua maglietta inequivocabile. Davanti, s'intravede solo in parte la scritta che recita "Fotog....", ma nel dietro campeggia a caratteri cubitali un bel "Fotografo". Insomma, vuole essere certo di non venir scambiato
per una massaggiatrice orientale, una pettinatrice di capelli rasta o un testimone di Geova.

Nell'epoca delle foto scattate dai cellulari, è un'autentica specie in via d'estinzione: lui si che meriterebbe una fotografia.

No tatuaggi
No mascherina
Voto: Qualsiasi candidato gli commissioni le foto
 della campagna elettorale

Coppia settantenne. Lui porta la borsa della moglie in una mano, e nell'altra il portafogli ripiegato.
Lei è avvolta in un foulard bianco all'addome. Sono i primi a portare la mascherina, ben appicciata tra naso e bocca. Forse perché oggi Trump ha definito patrioti coloro che le indossano.

No tatuaggi
Mascherina (vedi sopra)
Voto: Partito Repubblicano (USA)

Coppia venticinquenne con un piede in acqua e l'altro sulla sabbia. Lui è rivestito di tatuaggi, un uomo illustrato, a rimirarlo a fondo, una Cappella Sistina itinerante. Purtroppo sostano per poco, comunque il tempo necessario affinché il pubblico possa contemplare le rappresentazioni. Sulla schiena prevalgono motivi tribali, fittamente intrecciati, mentre sul polpaccio sinistro campeggia un corpacciuto diavolo vermiglio. Dalla spalla destra, due scritte si dipanano fino a pieno petto. Sul collo, il motivo non risulta chiaro per i continui movimenti e per la barba ispida: forse vegetali, di certo spicca ancora del rosso, meno intenso, un pompeiano. Lunghi bermuda chissà quali altri tesori nascondono.

La donna non raggiunge le metrature di superfici ricoperte e pittate del compagno ma prova a competere. Dalla schiena verso le braccia volteggia un morbido ornamento floreale, contiguo a scritte minute.

Sono gli unici a farsi il selfie con tanto di attrezzatura, dando le spalle a sole e mare. Ultimata la manovra, risalgono verso l'ombrellone, o il bar, o, più probabile, verso il tatuatore.

Tatuaggi: The amazing (chissà se impresso)
No mascherina, si mascherati
Voto: La buttano in bianco (almeno quella)

Settantenne abbronzato con occhiali da vista, annodati ai capi e penzolanti sul petto, color verde fluorescente. Tiene le braccia larghe e le gambe storte. Ha la camminata da pistolero western, occhiali da vista con lenti solari sovrapposte. Sorriso stampato. Quando si ferma, posiziona le mani sui fianchi e inizia a scrutare chiunque s'avvicini. E il sorriso rimane inalterato.

No tatuaggi
No mascherina
Voto: Fratelli d'Italia

Uomo nerboruto, occhialuto e irsuto, al punto che se lo avesse esaminato Darwin, avrebbe ribaltato le teorie sull'evoluzione. Ray Ban conficcati sul naso e telefonino all'orecchio ed esclama :" Ga sonà el telefono...xera lù". Non ci sono dubbi appartiene alla specie Homo veneticus.

No tatuaggi
No mascherina
Voto: Liga Veneta

Due bianchissimi individui avanzano, guarniti di denti bianchi sfoderati e di mascherine appiccicate blu. Sembrano la pubblicità di un dentifricio in vacanza.

Se tatuaggio, bianco
No mascherina
Voto: Forza Italia

Tunf, ratunf, tunf. Quindicenne s'esibisce in giravolte, in avanti, all'indietro. Splash...Il padre lo tallona con un misterioso oggetto in mano, suscitando la curiosità fra i presenti. Non demorde: due passi e giravolta. Un po' nella sabbia, un po' nell'acqua. L'augurio è che non abbia fatto colazione; in caso contrario, da un momento all'altro può sopraggiungere un'alta marea. Davanti a lui ha due strade: il circo o le Olimpiadi.

No tatuaggio
No mascherina
Voto: Movimento Sociale

Bambina bionda rimane fino all'ora di pranzo seduta su uno sgabello. A fianco, ha una rete con dentro stampini, gelato di plastica, secchiello e altri giochi colorati. Compita, seria, non si lascia scomporre neanche dagli inviti della mamma, o quando si avvicina un'altra bambina per giocare con lei: mai un sorriso, una smorfia, un cenno. A ben guardarla più che una bambina potrebbe essere una bambola bionda.

No tatuaggio
No mascherina
Voto: Partito Monarchico

Signore in completo vestito blu e camicetta bianca, incede tra gli altrui slip, bermuda e costumi: quanto di più fuori posto si possa incontrare. L'unica concessione con l'elemento naturale sono i calzoni, leggermente tirati su, in modo da accarezzare coi piedi sabbia e qualche goccia d'acqua. Sia forse un predicatore evangelico, in crisi vocazionale, o un esule da un matrimonio in fuga (più testimone che sposo), o ancora un rivenditore a domicilio, sfiaccato dalle ripetute porte chiuse in faccia; in ogni caso si deve esser reso conto di aver sbagliato decennio, secolo, ma soprattutto millennio.

No tatuaggio
No mascherina
Voto: Union Valdotaine

"LANCIO PERFETTO...!"

Coppia. Lui sessantacinquenne, lei cinquantacinquenne. L'uomo è molto abbronzato, indossa Lacoste beige e pantaloncini bordeaux, ma l'indumento caratteristico è il cappello, stile panama, bianco con tesa sottile: probabile agricoltore; pensa ai suoi campi, al raccolto che lo attende, mentre è costretto a starsene lì, in una spiaggia ricolma e confinato in albergo, pur di accontentare la moglie, la quale potrà vanagloriarsi delle peripezie in villeggiatura, una volta tornata a casa, al cospetto delle amiche, dalla parrucchiera. Ma anche lei nell'intimo rimugina alla passata di pomodoro che l'aspetta tra l'orto e le pignatte.

Tatuaggi: Ovviamente zero
No mascherina
Voto: Il Popolo della Libertà

Coppia mista. Lui leggermente sovrappeso, 130-140 kg., ma portati male. Tatuaggi avvolgenti: floreali un po' dovunque; su un polpaccio un leone impetuoso, nell'altro la scritta "Resistenza".
Lei, probabilmente sudamericana, reca un motivo vegetale sulla scapola e un altro a fiori sul polpaccio: discreti, morbidi, signorili. Il bambino porta un costume giallo, con disegni dei pirati: no dei Caraibi, no saraceni, no Francis Drake: si Disney Channel.

Tatuaggi (vedi sopra)
No mascherina
Voto: Lui, M5S (votava Rifondazione)
      Lei, Partito Comunista Cubano
      Bambino, Piratenpartei

Tre adolescenti. Due maschi. Seduti. Solo costume. Sguardo basso. Armeggiano. Cellulare. Resto del mondo aut. Proviamo dialogo. Rivolto ad ognuno:
"Chi 6?"
"F4F"
"E i vostri genitori dove sono?!?!"
"FM"
"Ok. Ciao Raga"
BFF.

No tatuaggio
No mascherina
Voto: Il primo ^_^
      La seconda XD
      Il terzo *_*

Padre di altezza attorno agli 1,70 cm., con maglietta e bermuda. Ha una figlia posizionata tra braccia, spalla e tronco: lo avvinghia, incollata; ricoperta da un asciugamano scarlatto, da cui fuoriesce un fluente ciuffo biondo, calato fino al fondo schiena del genitore. Sul lato opposto, c'è un altro bambino: anche lui afferra, appigliandosi e contorcendosi dalla gamba al ventre. È un uomo alle prese con uno sforzo titanico, prolungato per una decina di minuti: a momenti si dimena, tenta di liberarsi invano, senza successo, senza un lamento; dalle labbra socchiuse non sgorga neanche un'interiezione. È un Laocoonte moderno.

Poi d'improvviso, il gruppo scompare. Che sia stato inghiottito da un serpente marino?

Tatuaggi: Chissà
No mascherina
Voto: Coonte

Coppia di ragazzi quindicenni. In sincrono portano una mano nei capelli, mentre l'altra stringe il rispettivo cellulare. Arti inferiori mossi al ritmo di sinfonia mozartiana, anche se a scrutarli meglio si direbbe l'ultimo di Sferaebbasta. Danno le spalle al mare e si pettinano; danno uno sguardo al cellulare e si pettinano. Giunti a metà spiaggia libera, si fermano e cominciano a divorarsi con gli occhi; tornano indietro e, si pettinano.

No tatuaggi. Tra un paio d'anni, lui tribale,
                lei farfallina
No mascherina
Voto: Democrazia Solidale

Fermatelo. Discende dalla passerella barcollando. Una gamba ingessata. Due stampelle agli avambracci. Uno zaino gravoso sulla schiena. Perché hai fretta, verrebbe da chiedergli? Cadi, cadi, adesso cadi. Incredibilmente riesce a raggiungere il bagnasciuga.

Il piede sano nell'acqua, l'altro in aria. Ma continua, non si ferma, estrae una macchina fotografica! Ma come fai! Vuoi scattare? Sei forse un polipo travestito! Ma c'è una bambina vicino a te e alla mamma. Avrà a malapena un anno e già sta in piedi, traballando a ogni flebile onda: buon sangue non mente; È lei che vuoi immortalare. Sembra abbia preso la scossa; a scatti dimena frenetica mani e gambe. è una lotta di equilibrismi in famiglia, dove il padre premuroso deve ad ogni costo portare a buon termine il compito autoassegnatosi: la foto. Ma cosa fai adesso, vuoi abbassarti? È impossibile non conosci Newton e le sue leggi? Basta, arrenditi, cadiii, ti rompi anche l'altra gamba, attentooo! Un urlo squarcia la spiaggia:"Aaiutooo", e un gruppo di vicini accorre, pronti a soccorrere il bisognoso: è la mamma-moglie, il cui deretano si è semplicemente sbruffato, grazie all'azione di un'innocente maroso, che però ha una funzione catartica, perché all'istante terminano le angustie e, anche se a fatica, la allegra famigliola risale al sicuro.

Tatuaggio: Lei, nubi e oggetto di legno
           (imbarcazione?), su sfondo blu
           colorato di rosso e sfumature bianche
Si mascherine
Voto: Potere al Po...lpaccio

Coppia di ragazze nordeuropee. Bionde naturali. Deambulata disinvolta. Lineamenti armonici. Muscolatura in lieve rilievo, frutto di adeguata attività sportiva. Ridono. Guardano il mare. Sprizzano serenità.

No tatuaggi
No mascherina
Voto: Tra un paio d'anni Die Grünen

Uomo probabilmente dell'est, probabilmente muratore. Dopo costanti insistenze supplichevoli, da parte della figlioletta, innalza castello di sabbia a forma di spirale, in autentico stile rococò. Rifinita nel dettaglio, dopo almeno un'ora di solerzia stakanovista, non fa in tempo a levigare i particolari, quando l'infido piedino filiale, con meccanica ripetitività, lo demolisce.

Mentre il sudore gli brilla tutto il corpo, senza proferire parola, lamento, imprecazioni, neppure un oibò, si drizza e s'accomoda a fianco della compagna: nessuno dei due riprende la piccola. Evidentemente adusi a subire, devono avere una filosofia della vita appunto a spirale: una sorta di post irrazionalismo, dove la ragione viene sopraffatta dai fatti, da conoscitore delle speculazioni di Simmel. O addirittura fautore di un finalismo estremo, dove puoi dimenarti quanto vuoi ma non sarai mai tu a determinare il percorso e le decisioni.

La piccola propende per una filosofia meno complessa. Quella della stronza in erba; anzi, della stronza in sabbia.

No tatuaggio
No mascherina
Voto: Fratelli di Moldavia

Signora cinquantenne con capelli platino, orecchini a codola e tatuaggi, posizionati tra spalla e schiena, ma indistinguibili, causa affollamento. Accompagna madre paciosa, altrettanto implatinata, con costume intero.

No tatuaggi
No mascherina
Voto: se capelli con tinta sintetica, La Meloni
  se capelli con tinta naturale, i Verdi
  se parrucca copre pelata, Zingaretti
  se pigmento naturale, Sudtiroler Volkspartei

Coppia oltre i settanta. Lui camicetta a righe anni '70, che, ad occhio, non deve essersi tolto, appunto dagli anni '70. Capello, o meglio quelli/o sopravvissuti/o, lungo e unto: oleoso. Basetta possente (scontato rimarcare in voga in quali anni). Occhiali stile Eastwood, come l'andatura.

Moglie con intramontabile costume intero; ha appena fatto visita a parrucchiera (consigliata da vicina d'ombrellone) per messa in piega d'ordinanza.

Parlottano. Forse delle alghe, della gente. Molto più probabilmente del cibo che spetterà loro nella pensione, a mezzogiorno e mezzo e dell'importanza di risalire per primi, perché così al buffet si può fare la scorpacciata.

Tatuaggi: "Che schifo"
No mascherina
Voto: Partito dei Pensionati, dopo aver visto "La
  prova del cuoco"

All'improvviso si sentono inflessioni straniere, poche parole impaurite. Si tratta di nordafricani, rivestiti di collane, occhiali da sole, asciugamani e chincaglieria sottomarca: classici vu cumprà.

Si spostano tra ombrelloni e bagnasciuga, visi intimoriti guatano lontano, annusando poliziotti municipali sulle loro tracce, e poi d'improvviso si dileguano.

No tatuaggi
No mascherina Si collanine
No voto (causa ius soli tanto più ius bagninii)

Andrei s'incuriosisce del fuggi-fuggi; alza la testa, si rende conto di una novità nel panorama circostante e, per questo, segue partecipe l'avvenimento. Deluso dalla mancanza di un finale spettacolare, si rimette educato supino, con berretto d'ordinanza tirato sino al naso.

È senza dubbio il momento di punta del traffico; sarebbe appropriata la segnalazione, mediante l'impiego di qualche cartello indicatorio, o la presenza di un vigile, per indirizzare e multare gl'indisciplinati e naturalmente l'istallazione di alcuni semafori: bipedi, quadrupedi, chele, pinne ne trarrebbero indubbio giovamento: sempre che tutti li rispettassero.

Della prima specie, malgrado l'intensa rapidità degli avvicendamenti, si prova a fissarne, per quanto possibile, alcuni elementi tipologizzanti.

Capitolo tatuaggi. Tra quelli provvisti, perlopiù uno per individuo, sopra una spalla; sobri non invasivi. Questi i più ricorrenti: palma, scritte (primeggiano i "Resilienza"), date (nascite, battesimi, nozze, divorzi), stilizzati di cartonati, strisce tipo braccialetto, stelle, visi femminili, elementi floreali e vegetali, farfalle, gufo, lupo, leone, tribali, Cristo, bambini, fiore con farfalla rossa, diavolo, anelli, una Coppa dei Campioni con scritta Madrid 2010...

Uno su dieci usa il telefonino

Otto su dieci sono in costume

Due su dieci con altri indumenti

Uno su dieci con occhiale da sole (non necessariamente gli stessi del telefonino)

Cinque donne su dieci con portafogli o busta rigonfiati

Cinque uomini su dieci con portafogli o busta sgonfiati.

Due donne con piercing all'ombelico.

Ventenne con mani ricolme di conchiglie, procede spedita. Non pronuncia parola con i suoi vicini di passeggiata: il suo mondo è racchiuso in quel pugno di frutti del mare.

No tatuaggio
No mascherina
Voto: P.P.I. (Partito Pescatori Italiani)

Coppia con bimbo piccolo. La donna quarantenne, biondastra, inforca occhiali da sole compatti, pantaloncini lunghi e reggipetto; ha un viso inespressivo.
L'uomo, trentacinquenne, è di statura bassa. Ha uno sguardo cupo. Scruta per terra. Pelle ambrata e lunghi capelli corvini, raccolti, richiamano alla mente lande sudamericane; ipotesi ulteriormente avvalorate, dopo aver inquadrato la maglietta indossata: quella del Boca.
È la prima esibita della compagine argentina, a fronte di quelle di squadre italiane, di Messi, alcune di basket nostrano e statunitense, principalmente portate da bambini.
Lui ne è fiero. Chissenefrega dell'età, fa felice il bambino che ha dentro. In lui, l'unico elemento, "sorridente" è la maglietta.
Le rare volte che la donna apre la bocca e parlotta, non si rivolge né al bimbo (troppo piccolo), né a compagno (troppo piccolo), che del resto è altrove. Non sul mar Adriatico ma al Mar del Plata.

No tatuaggi (probabilmente lui sul cuore deve avere
        quello di Tevez)
No mascherina
Voto: Lei, per Salvini perché ha paura degli
        stranieri
        Lui, Unione Sudamericana Emigrati Italiani
        Il piccolo voterà all'estero

Sopraggiungono due uomini sessantacinquenni. Da
lontano sembra si assomiglino, ma passo dopo passo,
s'avvertono differenze somatiche. Vestiti di sole
bermuda a righe; fradici. La forma delle due teste è
identica: brachicefali, con ampia calvizia, praticamente soltanto un cerchiello di peluria alla base del
collo, naso adunco: insomma, classici prototipi roma-
gnoli. La camminata è scimmiesca, come la postura
delle lunghe braccia, dimenanti, che raggiungono
l'altezza delle ginocchia. Parlottano in continuazio-
ne, coinvolgendo il bagnino controvoglia.

No tatuaggio
No mascherine
Voto: Romagna mia

Ragazzona con magliettona bianca e pelle ancor più
bianca. I capelli ricciuluti non curati. Tatuaggi vari
sulle gambe e sulle braccia sembrano buttati lì, in disordine. Anche la camminata è sgraziata: forse perché voluta, forse perché naturale.

Tatuaggi: Molti
Mascherina: Al braccio
Voto: M5S

Il pilone. Avanza intrepido, con i suoi due metri d'altezza e due metri di circonferenza in corrispondenza della pancia. Bermuda blu. Fluente coda ingrigita, come la barba incolta. Ad ogni passo s'avverte una scossa di quinto grado della scala Mercalli. Potrebbe fare il pilone in una squadra da rugby o in alternativa il pilone e basta.

No tatuaggi
No mascherina
Voto: Emilia Romagna Coraggiosa

Sessantenne, glabro dalla testa ai piedi. Maglietta militare. Bermuda militare. Passo marziale. Convinto di sfilare su altra sponda: a Beirut.

Tatuaggio: "Se lo ridici ti spiezzo in due", ma sui
                polpacci s'intravedono macchie
                di lucido d'anfibi
Mascherina: "Se lo ridici ti spiezzo in due"
Voto: Italia Viva

Signore cinquantenne con maglietta vinaccia e cappellino bianco, stile Jack Lemmon, con tesa pendente fino a ricoprire metà orecchio, corre scoordinato; le ginocchia sfregano. Fradicio dal fondo schiena ai

piedi: di acqua marina, di sudore, di altro liquido se-
creto? Per benevolenza, facciamo un misto.

No tatuaggio
No mascherina
Voto: Pd

Donna quarantenne accudisce bimba. Ha uno strano
tatuaggio. Sembrano macchie che partono a pochi
cm. dalla tibia, per raggiungere il centro del piede,
attraverso un andamento curvilineo, per una lunghezza complessiva di circa quindici cm. Per forma e colore si confondono con la sabbia bagnata, sollevata
dai ragazzi, quando per gioco se la gettano contro.

Tatuaggio o macchie di sabbia
No mascherina
Voto: M5S

Ci mancava. Uomo settantenne, ben portati. Capelli
scuri, o meglio tinta scura; corricchia malamente dalla passerella, sbilanciato sul lato destro. Giunto nelle
vicinanze, l'arcano viene svelato: l'enorme orologio
(enorme patacca), appunto, portato al braccio destro.
Occhialoni scuri, polo giallo-canarino, pantaloncini
crema-scuro-militare, ma lo spettacolo sono i calzini
bianchi, alti fino metà polpaccio, insaccati dentro
scarpe strette, in tinta con i pantaloncini. Sembrereb-
be sbarcato direttamente dagli anni '60, quando dalla
tasca, anziché un taccuino, un quadernetto, estrae un
volgare cellulare. Scatta un paio di foto e risale verso

la strada. Deve aver parcheggiato l'auto accesa in tripla fila, un'Alfetta; mentre la moglie, l'aspetta a bordo impaziente.

No tatuaggio
Mascherina: Eccome
Voto: Sinistra e Libertà

Signorotta nordafricana, indossa una lunga veste - a motivi geometrici a meandri bianconeri - che si dipana dal collo ai piedi, mentre la nuca è avvolta da un fazzoletto bianco-azzurro-blu, a volute; sormontato sul capo, ha un cappello di paglia, stile mondine. Osserva incuriosita. In piedi. Armeggia un asciugamano in un braccio e porta una borsetta a tracolla, finché esausta, si adagia su un angolo della barca del salvataggio. Deve aspettare il/i figlio/i al bagno, assolutamente senza mai richiamarlo/i.
Il bel viso, abbronzato dalla nascita, di questa Mangano del Magreb esprime fierezza. E' raffinata nei lineamenti: naso appuntito, zigomi alti, magari discende da quei punici che quasi due millenni fa s'insediarono nel golfo di Gabès.

Tatuaggio: Improbabile
No mascherina, non c'era posto
Voto: Meno Europa

Padre sessanta anni. Capello lungo raccolto nella coda. Camicetta e bermuda. Figlio venti anni, capello lungo raccolto nella coda. Hanno il cane con la coda

lunga della stessa lunghezza dei capelli dei padroni.
Al guinzaglio, se lo passano di tanto in tanto.

No tatuaggio
No mascherina
Voto: Se Podemos, Iglesias

Un mega uccello-salvagente viene trascinato, a fatica, da un adulto e cinque bambini (sei-dieci anni).
Multicolorato. Becco adunco. Difficile collocazione
scuola pittorica. Aggregato di mostri aztechi e di cartoni giapponesi; dissomigliante da quelli omerici.
Entrato in acqua, suscita impressione tra i bagnanti,
che prontamente se ne distanziano.

No tatuaggi
No mascherina
Voto adulto: Partito Comunista dei Lavoratori
Voto bambini: Pokémon

Tirirririri stunf l'effetto nel costume di Andrei,
quando ragazza alta 180 cm., labbra carnose, chiappe
sode, seno prosperoso, profumo esotico, lo sfiora.
Come sempre rimane tutto immobile…quasi tutto.

Ecco l'inventario disordinato delle voci ricorrenti,
captabili nell'etere sopra il bagnasciuga :"Amore",
"Non voglio andare dentro", "Fiùù fiùù", "Ue, ue,
ue" (non è un'abbreviazione), "Pallone" ,"Figa",
"Dai scatta", "Va beh abbronzarsi ma no negher"

(detto una volta), "Amò", "Mamma","Acqua", "Arri-
vooo", "Splash", "Fii, fii"(papà che si rivolge alla
bimba troppo lontana", "Fii,fii" (il bagnino dal salvagente che si rivolge ai bagnanti troppo lontani), "Fii,
fii", (ragazzo che si rivolge a due ragazze poco vici-
ne), "Pronto", "Pronto".

Coppia di quaranta-cinquantenni. Devono essere appena discesi dall'albergo extralusso e, nel bagnasciuga della spiaggia libera vi sono incappati per sbaglio e temporaneamente. Lei inappuntabile, nel suo perizoma argentato: da ventenne; nel lato posteriore riassunto in un "filo interdentale" tra le natiche: da ventenne; il fisico atletico e curato in ogni dettaglio: da ventenne, così come il viso, anche grazie al sapiente impiego del botulino, da un ventennio. Rossetto il giusto in evidenza. Ray Ban celano la zona occhi, ma le movenze leccate, il ricorrere continuo al cellulare, la vedono catalizzare l'attenzione del circondario. Di rado, con svogliatezza, si rivolge al figlioletto in acqua e, in quella frazione di secondo, si stacca dal dispositivo, declinando all'interlocutore un perentorio: "Scusa un attimo"e, tenendo fede alla parola data, riprende a colloquiare, così che il figlio, procede in totale anarchia, talvolta seccando amici di gioco e bagnanti.

Il compagno-marito sta in ombra, in ogni senso. Porta uno sfavillante orologio, ed è talmente abbronzato (evidentemente in altri momenti si sarà arrostito al sole), che se passasse una ronda leghista, calibrando il dosaggio di melanina e scambiando il Rolex per una patacca, lo accomoderebbe sul primo volo, destinazione Africa.

S'intuisce che si tratti di una coppia perché in un paio di occasioni, lui l'avvicina, senza mai ricevere uno sguardo d'attenzione, ma in compenso si prende cura del bambino e dei suoi capricci.

No tatuaggi (anche se sull'epidermide maschile non
        sarebbe riconoscibile)
No mascherina
Voto: Lei Santanchè
        Lui Briatore

Ragazzo dalla pelle lattea e per questo ricolmo di
crema solare, altrettanto bianca, al punto che non si
riconosce quale sia pelle e quale crema. Richiamato
dai parenti, entra goffo in acqua. Sulla schiena spun-
tano due lunghe fila di crema non sparsa, come fossero schizzati da altrettanti tubetti di dentifricio: pre-
muti a fondo. Sulla spalla compare un colle cremoso,
e vari mucchietti come bugni, su fronte e petto.
Qualcuno dovrebbe fermarlo, prima che si tuffi.
Troppo tardi. Analizzasse le acque la "Golletta Verde", vieterebbe la balneazione per mesi.

Tatuaggi alla crema solare
No mascherina. Si mascherone
Voto: Qualsiasi partito, esclusi i Verdi

Quadretto di famiglia. Procedendo dal mare: uomo,
poi figlio di dieci anni, figlio di otto e donna. Indossano tutti la stessa maglietta grigia, con immagine di
Batman, nel tondo: dalla taglia XXXL alla S. Tutti
con mascherina azzurra. Procedono tenendosi per
mano e, di tanto in tanto, alzano le braccia gioiosi,
sottintendendo un "Urrà". I sorrisi dei genitori si in-
tuiscono dagli occhi stretti e dalle rughe a zampa
d'anatra. Gioiosi, felici, sono i supereroi moderni.

No tatuaggi
Mascherine: Al completo
Voto: Il Popolo della Famiglia

Quarantenne con la barba rossiccia e occhialuto. Zainetto minuscolo sulla schiena. Il cappello è ineguagliabile. Mimetico e ripiegato su di un lato come quelli dei soldati australiani, nell'ultima guerra mondiale. Ricoperto di tatuaggi, colpisce quello sul polpaccio destro: è lui stesso. O meglio parte del suo faccione, dalla barba alla fronte; mancano i capelli e una parte della testa. Ci sarebbe da studiare la ragione dal punto di vista psicanalitico, o più semplicemente chiedere al tatuatore se avesse finito l'inchiostro.

Tatuaggi: Per una cittadina
Mascherina abbassata
Voto: Possibile

Dalle 13 alle 15 rimane poca gente in spiaggia e anche il bagnasciuga, inevitabilmente si spopola, per il richiamo delle cucine romagnole. Tra i pochi a restare vi è Andrei. Posizionato sul fianco, ne approfitta per farsi una pennichella (chissà se la fanno anche in riva al mar Nero, al Baltico, sul Balaton).
La media dei passanti è di uno ogni dieci minuti circa.

Coppia quarantenne, serena, scambia qualche parola, rimirando il mare. Non gliene frega di avere la pancia vuota mentre gli altri si rimpinzano; loro si riempiono gli occhi di orizzonte.

No tatuaggi
No mascherina
Voto: G. Leopardi

Ragazza ventenne con braghini scuri e reggiseno in tinta. Procede spedita e gioca in acqua con i piedi, schizzandola in alto. Spensierata.

No tatuaggi
No mascherina
Voto: M5S

Sopraggiunge un umano in via d'estinzione: il palestrato. È l'unico incontrato. Alto 1,65 cm. circa. Bandana da pirata in testa. Le gambe incedono strusciando le due fasce muscolari interne. Il tronco avrà un volume tre volte più largo di quello degli arti. È un sopravvissuto degli anni '90, ma nessuno lo guarda. Neanche un tatuaggio: sarebbero un'eresia per quei muscoli scolpiti. Non parla, non pensa; per lui lo fanno bicipiti, addominali e pettorali. Cammina, cammina, probabilmente continua a camminare lì, sul bagnasciuga, dagli anni '90.

Tatuaggi: Vedi sopra
No mascherina
Non vota dagli anni '90

IL PALESTRATO

Un gabbiano bello paciuto, approfitta dello svuotamento, del silenzio, per finalmente godersi il bagnasciuga. Zampetta, guardando sbalordito attorno. Mediterà nostalgico a un paio di mesi prima o a quanto avverrà tra un paio di mesi?

No tatuaggio, per impedimento piume
No mascherina, per impedimento becco
No voto, per impedimento unghie

Alcuni attraversano il bagnasciuga rapidamente, giusto il tempo per entrare in acqua e godersi il bagno in piena libertà, solitari senza fastidi, ostacoli, impedimenti di ogni genere.

Tatuaggi: Non monitorati
No mascherina
No voto. Anarchia

Attorno alle 14,30 il cielo si rannuvola e qualche goccia punteggia la sabbia, che si desertifica quasi del tutto. Solo pochissimi indomiti resistono, speranzosi nel miglioramento atmosferico. Ma dopo una decina di minuti si intensifica lo scroscio e anche i naufraghi, sotto gli ombrelloni, devono darsi a gambe negli alberghi e nelle abitazioni.

Verso le 16 spiove, rispunta un sole caldo che asciuga e la spiaggia gradualmente si ripopola.

Freee, frooo, fraaa…è il cielo che rumoreggia o l'intestino di Andrei? Gli scappa un sorrisino, speriamo solo quello.

A proposito, si sarà mosso durante la pioggia? Di certo è ancora qua a godersela, dal suo posto.

Settantenne: bermuda e maglietta bianca, aderente con maniche lunghe, cappellino bianco, scarpette da ginnastica bianche, folti baffi bianchi, ciuffo di capelli che fuoriescono sul collo bianco. Al braccio porta una mascherina multicolore. Il suo cane ha un pelo nero scuro e si muove libero senza guinzaglio. Anche la moglie, inespressiva, procede libera senza guinzaglio.

No tatuaggi
Mascherina: Vedi sopra
Voto: Democrazia Cristiana

Immancabile il gruppo di ragazzi che prende la rincorsa sin dagli ombrelloni e in disordine sparso partono. Preparatevi. Attenzione. Pronti e… bang. Via, scoordinati, urlanti, slalomeggiano ed entrano in acqua, schizzando fino a metri di distanza. Il più imbranato soccombe dopo uno-due metri e via di seguito tutti gli altri; il più aitante si tuffa quando ha l'acqua al bacino e gli è veramente impossibile proseguire. Nel percorso hanno divelto un ombrellone, fatto piangere due bambine, inzaccherato ogni bagnante nel raggio di chilometri, e soprattutto minacciato di mandare a gambe all'aria un sessantenne, in sereno cammino lento. Con occhiali da sole, non lascia trasparire emozioni; su un corpo ancora longilineo, emerge, però una pancia anomala: impressionantemente ricolma verso il basso ventre. Ha ingoiato una cocomera intera o è un deposito semovente di birra?

Oppure come pensa il primo ragazzo entrato in acqua, sussurrandolo agli amici, in modo da non essere sentito dall'interessato, la ragione è molto più misteriosa: "Aoo quando nasce!"

No tatuaggi
No mascherine
Voto: Italia dei Valori

Uomo macilento avanza a passi lunghi. Ha barbetta rossiccia e sfoggia una larga maglietta bianca con la scritta rossa "Sistema illegal".

Incredibilmente no tatuaggi
Credibilmente no mascherina
Voto: Soltanto se il seggio elettorale
        è insediato in un centro sociale

Due bambini costruiscono una sorta di diga, per farvi entrare l'acqua. Ma il più grande, appena l'opera è conclusa, forse perché insoddisfatto, vorrebbe distruggerla, mentre l'altro fa di tutto per impedirglielo. Malgrado la strenua resistenza, prevale il demolitore. Dopo lunghi momenti contrassegnati da reciproci sguardi minacciosi, come per incanto i due si riappacificano per poi continuare a giocare insieme.

No tatuaggi
No mascherina
Voto: Uno voterà per Zingarertti
        L'altro per Renzi

Coppia ventenne. Ha un solo scopo: fotografare. Mentre ancora passeggiano, lui preme sullo smartphone. Non osservano, non contemplano, non dialogano: scattano. Lui compulsivo: dall'alto in basso, di lato, da ogni angolo. Finché lei, come se impazzita, smette; si avvicina, mette via il cellulare, lo avvinghia a sé e inizia a baciarlo. Sbalordito, immanentemente, la allontana, volge le spalle al mare e indirizza lo sguardo verso l'ininterrotto cemento dei palazzi e inizia a immortalarli, come se fossero opere d'arte sublimi.

No tatuaggi
No mascherina
No voto ma foto scheda elettorale

Coppia formata da papà e figlio, camminano velocissimi, con lunghi passi. Indossano solo bermuda, verdi e giallo-fluorescenti, al punto che devono avvistarli dalle Marche al Veneto: due pastelli lumeggianti come onde. Ma l'esplosione cromatica s'avvera quando incrociano, per un attimo, un signore con bermuda arancio-fosforescenti. Chissà per quale volontà estetico-modaiola-psicologica di massa, quest'estate il fosforescente è molto in auge; forse i mesi primaverili di forzata "chiusura" hanno indotto i più a controbilanciare la ritrovata libertà, attraverso il possesso e l'esposizione di colori accesi, oltremodo caldi, roventi; o, più probabilmente, l'effetto gregge continua a predominare. Di certo, se fossero presi per le gambe e trascinati a mo' di costruzione per la pista, nelle gare con palline da ciclisti (nonostante siano ancora in vendita, nell'arco della giornata nessun bambino ha intrapreso il gioco), lascerebbero una scia profonda ed evidente sul bagnasciuga, riscontrabile dai satelliti nello spazio, costringendo gli astronomi a cambiare il nome alla Via Lattea.

No tatuaggio
No mascherina
Voto: Forza Italia, ben evidenziato

Uomo sessantenne con berretto a visiera, dal cui retro fuoriesce copiosa coda ingrigita. Cammina curvo, un po' per lo zaino pesante, molto per la folta coda.

No tatuaggio
No mascherina
Voto: Pd

L'uomo dei gelati. Immancabile. Ma non è il classico personaggio estroverso; attira l'attenzione cantilenando e gesticolando. Giovane, veste maglietta bianca curata, come l'acconciatura. E' ben motorizzato, dato che il carretto è equipaggiato con quattro ruote, munite di pneumatici, probabilmente da moto: a portata di mano, aziona un congegno costruito da sé, col quale scampanella ripetutamente. E, come si ferma, s'avvicinano uno, due, tre, quattro, cinque clienti. Dopo alcuni passi, ancora altrettanti. Buoni affari in poco tempo. Soddisfatto, apre di nuovo il frigo, porta un ghiacciolo arancio alla bocca e riparte.

No tatuaggio
Si mascherina alla bocca
No scontrini

Roonf, roonf, roonf…sssc, sssc…c'è chi dorme. Provate indovinare di chi si tratta? Innegabilmente la pronuncia è straniera.

Istruttivo è riferire quanto voli nello spazio aereo sopra il bagnasciuga, sovente per lambirlo, a volte per poi venire rimosso, purtroppo altre, per perdurarvi: gabbiani, ragazzo, elicotteri, secchielli, stampini, palette, raspo, sputi, palle, berretto giallo con n. 46 - sul lato la scritta "I am official team", inseguito da proprietaria settantenne (con mascherina) -, cellulari, resti di gelato, legnetto di ghiacciolo, magliette varie con dentro corpi, tra cui una con disegnato viso di Abramo Lincoln e un casco bianco e strisce tricolori francesi, cannucce, la bandiera rossa del salvataggio, pannolino usato di bambina.

Per tutto questo periodo, ad alcuni metri dalla riva, emerge una testa maschile. Questo crea una certa inquietudine perché il resto del corpo non emergerà mai, generando interrogativi tra i presenti. Di che cosa si tratta? Di un nuotatore, di un cacciato da casa, di un rimasuglio della rivoluzione francese, di una spia russa, di Putin in persona.

Tatuaggio, mistero
Mascherina , mistero
Voto: Udc

Corridore lento, pelato, ottanta anni circa. Maglietta grigia e pantaloncini blu. Scarpe da atleta. Si impegna, suda ed è costante nella sua lenta azione.

No tatuaggi
No mascherina
Voto: Calenda

Arriva la Bonazza. Appare in controluce. Costume bianco-candido, occhiali a specchio, corpo armonico e ovviamente i capelli: luminosi, color sole; sono il vero magnete: taglio liscio, simmetrico, cadono su una linea retta a metà schiena e non c'è brezza, moto che li scomponga. È una Kore moderna senza età, e dove non l'ha baciata la natura è intervenuto il tocco e il ritocco del dio silicone; scortata dal codazzo; ossia due cessi (la bonazza doc li ha sempre nei dintorni per far risaltare il suo splendore, così sperano di riflettere della sua luce, nel senso che qualche sfigato può buttare un occhio lì vicino, anche a loro); un figlio a metri di distanza, dimenante in acqua, per ricevere, invano, un secondo d'attenzione; un ipotetico compagno-marito a debita distanza, che per nessuna ragione deve avvicinarsi a lei; e soprattutto gli occhi, gli occhiali, le occhiaie e i cellulari di ogni omo sapiens e mai come in questo caso erectus; di ogni donna, qualcuna impegnata nella spasmodica ricerca di un minimo difetto, mentre la massa, pur ammirandola, conviene che almeno a livello caratteriale deve essere supponente, se non strafottente; anche bambini, cani e altri animali al seguito, subiscono la sua manifestazione perché per dieci minuti buoni vengono completamente ignorate le loro richieste; infatti, eterna è la sua sfilata: si ferma, contempla, riparte, indugia, senza mai dare l'impressione di soffermarsi su alcun sguardo e solo quando, l'alone che la circonda, in lontananza diventa un piccolo punto luminoso, allora, la spiaggia può finalmente tornare all'ordinario.

Tatuaggio: Cose da mortali
Mascherina: Cose da mortali
Voto: Articolo Uno

Coppia ventenne. Lei occhiali da sole avvolgenti. Capelli scarmigliati. Tatuaggio alla scapola sinistra. Lui macchina fotografica a tracolla e su un braccio la mascherina.

Tatuaggio: vedi sopra
Mascherina: vedi sopra
Voto: M5S

Tre ragazze quindici-diciassette anni arrivano dalla passerella e si fermano sul bagnasciuga. Una, moretta, caschetto alla francese, entra ed esce dall'acqua, allunga una gamba, si prende i capelli, slancia indietro le braccia: futura modella. Ad ogni posa, l'amica l'immortala con plurimi scatti in successione, finché inciampa e per poco non cade in acqua. E allora ridono, si toccano, mentre le loro voci argentine scuotono persino i gabbiani: ochette contro gabbiani. A quel punto, le due s'avvicinano, entrambe posano, s'atteggiano, emettono sorrisini e ridolini, ed è la terza, fino a quel momento appartata, costretta ad imbracciare il dispositivo: anche se sordi riprendono i clic, clic, clic in rapida successione. Terminato, si rivestono e veloci se ne vanno.

No tatuaggi
No mascherina
E (per fortuna) no voto

Signora distinta quaranta-cinquantenne, avvolta in una veste-foulard, a motivi floreali, dove spiccano il giallo e il rosso. Capelli lievemente arricciati e occhi grandi verdi-azzurri. Nella mano destra, porta una borsa valigia. Squadrata, un parallelepipedo. Dimensione 30x20x20 cm., troppo grande per la spiaggia, troppo piccola per il viaggio. Color grigio e con rinforzi-ricami agli angoli e alla maniglia. La sensazione è quella di una valigetta matrioska: dentro potrebbe contenerne altre identiche e lei a sua volta potrebbe venire incorporata da altre. Ma soprattutto cosa racchiuderà, e dopo lunga meditazione o rapida decisione, cosa avrà selezionato dal suo passato, per portarsi nel futuro? Avrà dei ripensamenti? Dei dubbi? E poi il mare, lo sciabordio, il ritmo del ritorno, quanto si rimescolano i pensieri? Se continuasse a camminare per un paio d'ore, quando i colori si stingono, potrebbe entrare in un film esistenzialista francese. Ecco uno degli oggetti, di certo, portati nella valigetta.

Tatuaggi non c'erano
Mascherine non servivano
Voto: En Marche

Gigioneggiavano fin da lontano, e quando sono ben in vista, sono immediatamente riconosciuti: " I cotti". Incedono, dalla spiaggia al mare in ordine d'altezza: 1,90; 1,80; 1,60 cm. Tutti con lunghi pantaloni. Il più alto ha capelli raccolti, camicetta hawaiana; quello nel mezzo, bottiglia alla mano; il più piccolo, semplice cappellino. Parlottano, procedono lenti e quello mediano tende al barcollo. Si passano tra le mani, diciamo una "sigaretta" senza filtro. Il più alto, di tanto in tanto, si dà una grattatina agli organi riproduttivi. Per loro non c'è mare, sole, cielo, spiaggia, ragazze, ma solo fumi: di alcool e di altro.

Tatuaggi: Troppo vestiti

No mascherina

Voto: Si presentasse, Partito radicale; pertanto,
 Più Europa ma soprattutto, Più Libano.

Andrei drizza la testa al loro passaggio e se non fosse per la timidezza una bevutina e una tiratina non l'avrebbe disdegnata.

Famiglia. Padre, madre e figlioletta. Molto eleganti e fobici per la pulizia. Ossessionati da ciò che pestano. Sono aggiogati a guardare soltanto per terra, finché squilla il cellulare al papà, che si vede costretto ad alzare la pelata, penzolandola, ma come può la riabbassa, rincamminandosi col terrore di sporcare persino le suole, ripetutamente ripulite dall'indice, persino quando inavvertitamente sfiorano l'acqua." Ma che schifo" esclama la donna, preoccupandosi che anche i pesci, a contatto con quel lordume, possano insozzarsi. Lei si che saprebbe risolvere il problema dell'inquinamento: ripulire il mare con l'amuchina.

Tatuaggi: Che zozzura
Mascherine: Ovunque
Voto: No Vax

"Torello" cinquantenne, canottiera bianca d'ordinanza e pantaloncini compressi ad evidenziare "il pacco", ben nutrito. Alla pancia marsupio stretto. Camminata da macellaio di suini, di cui deve essere un grande consumatore, ovviamente fuori dall'orario di lavoro.

No tatuaggi
No mascherina
Voto: Fratelli d'Italia, anche se
      molto attratto dalle Sorelle

Arriva sola, con scarpe fluorescenti. Usa il cellulare ma non in maniera compulsiva. Tra la mascherina ben avvolgente, i grandi occhiali solari tondi, la frangetta che ricopre tutta la fronte, potrebbe commettere una rapina senza essere riconosciuta.

No tatuaggio
Si mascherina
Voto: P.S.I.

Coppia sulla trentina. Lui con maglietta, da cui emerge sul braccio tatuaggio con uno squalo. C'è il sole, ma per sicurezza imbraccia un ombrello ben racchiuso, che gli cade proprio nel momento in cui sta scattando una foto. Lei gli chiede: "Camminiamo"e poi si scioglie le Adidas, infastidita dalla borsetta rosa patinata a tracolla. Parlata lombarda. Dopo il bacio con selfie, camminata sul mare al tramonto. Ancora due passi, innervositi dalla sabbia, deviano verso il centro, verso gli attraenti negozi.

No tatuaggio
No mascherina
Voto: Lega Lombarda

Il sub. Sopraggiunge dal cuore della spiaggia, dove ozieggiava con un gruppetto di amici postquarantenni, dai modi e dalla parlata inequivocabilmente autoctoni: ogni femmina che gravita nel loro raggio d'azione, cinquecento metri almeno, viene scandagliata. Si sofferma sul bagnasciuga. Capello lungo.

Muta giallastra a maniche corte agli arti. Quando è certo che un nutrito numero di persone lo abbia inquadrato, inizia con gli esercizi ginnici, soprattutto allungamenti, che proseguono in acqua, presa piano piano e poi le prime bracciate; sorpassa bambini, oltrepassa gli scogli, prosegue oltre; è una testa, una testolina, un puntino e basta: lo ritroveranno domattina mentre risale sulla costa dalmata, o sarà esposto al mercato del pesce, tra i tonni, a prezzo scontato.

Tatuaggi: Chissà
No mascherina, si maschera con pinna
Voto: Nella prima ipotesi, SDP (Partito Socialdemocratico di Croazia)
     Nella seconda ipotesi, Le Sardine

Si distinguono, da lontano, uomo e donna di colore. Entrambi vestono in bianco. Lui in bermuda; lei con maglietta e pantaloncini attillati. Forse è una delle pronipoti del più celebre pennello iberico: azzurro nella cintura; nelle unghie di piedi e mani un blu...più deciso, identico al vezzo della rete che racchiude le chiome. Dai loro dialoghi sussurrati, una sola parola si ruba "Oui".

No tatuaggio
No mascherina
Voto: La France Insoumise

Un'eco di musica ritmica si annusa nell'aria. A un centinaio di metri, direzione porto, si percepisce:

"Un, dos tres". È un ragazzo in maglietta rossa e fascia bianca, con sopra una scritta (probabilmente "Staff"), vicino a una cassa. La pista da ballo-palestra è insediata tra bagnasciuga e acqua; in una decina perseverano nelle performance, esclusivamente donne e bambini, ubbidienti agli imperativi sonori: "Alzare le braccia", "Di lato","Saltare".

Perché mai persone che, con tutta probabilità, per il resto della loro esistenza schiveranno schifate ogni forma di disciplina, proprio qui in vacanza, nell'incanto pomeridiano marino, accettano remissivamente ogni ordine impartito?

I molti passanti le ignorano, quando non imprecano perché limitano il passeggio; solo qualche sparuto concede loro lo sguardo e un paio di baldanzosi, accenna con un colpo di anca e annesso sorriso, la loro partecipazione compiaciuta.

Tatuaggi sudati
Mascherine sudate
Voto: Energie per l'Italia

Bambina di due anni, con vestitino bianco, con frange alle maniche e agli orli, si avvicina al mare; costantemente si rivolge alla mamma, distesa sull'asciugamano. Mentre la piccola mette impaurita i piedi in acqua, la donna le fa un cenno di assenso. Delicatamente si china, per giocare con le manine bagnate. Ma il vero scopo è un altro: fare pipì. Ultimata la minzione, corre dalla madre.

Si conteggiassero tutte le volte che cani, gatti, e quanti altri del genere animale, entrano in acqua per i loro bisognini, l'iniziativa della bambina (coordinata dal genitore), apparirebbe innocente.

Ma quando, dopo pochi minuti, minacciosa prende ancora la via del mare, c'è il rischio concreto che possa terminare la missione. Per fortuna, stavolta, vuol davvero giocare, anche se qualcuno giura abbia approfittato per darsi una risciacquata.

No mascherina
No mutandina
Voto: Verdi

Quarantenne figlia di "Figlia dei fiori". Indossa veste ampia - per questo rigonfia al vento - a motivi floreali. Capigliatura branduardiana e fascia rosso-arancia, tra fronte e attaccatura dei capelli. Scalza; la pianta del piede, a contatto con la sabbia bagnaticcia, deve trasmettere piacere a tutto il corpo, visto il sorriso perpetuo stampato; gioia trasmessa al grande cane bianco, con un guinzaglio dal giogo libero, libero, libero. A passi lunghi, in pochi secondi, si dilegua.

Tatuaggi: Chissà
No mascherina
Voto: Leu (Liberi e Uguali)

Andrei si posiziona sul fianco, accorgendosi di essere alquanto scottato. Ma fa lo stesso cosa vuoi che sia un po' di rossore, meglio gustarsi ancora il mare e tutto quello che lo circonda.

Visto che il caldo inizia a diminuire, giunge il momento della seconda passeggiata di giornata, di circa trecento metri. La ragione prioritaria è osservare se vi siano altre tracce sul bagnasciuga, diverse da quelle dei pochi metri quadrati presi in considerazione fino a questo momento. Hanno origine disparata; gettati, abbandonati, dimenticati, approdo: conchiglie, purtroppo quasi tutte in pezzettini; alghe verdi e marrone-vinaccia, come fili di lana aggrovigliate; molte penne (difficile ascriverle a quale tipo di pennuto); un fazzoletto usato di carta; una confezione di succo in domo pack; impronte bipedi, canine, di scarpe; foglie rinsecchite; resti di spugna, due disegni di cuori sulla sabbia, all'interno le abbreviazioni D+V in una, e V.L, nell'altra. Capitolo plastica: una bottigliette d'acqua vuota, bicchieri, una busta, sacchetti di verdura, ma quello che fa più raccapricciare sono le migliaia di frammenti di varie dimensioni, di cui è difficile comprendere la origine; non si sa se arrivino dal mare o dalla spiaggia, sicuramente neanche il più solerte dei bagnini non riuscirebbe ad ammonticchiarli, col resto della spazzatura.

Si fa ritorno nella postazione. Le persone iniziano a rarefarsi, anche perché gli ospiti degli alberghi devono rispettare determinati orari. Ma da questo momento i frequentatori della spiaggia sono in maggioranza dissimili dal resto della massa e si dividono principalmente in due categorie: i maratoneti arrostiti, che vi dimorano almeno dal primo pomeriggio, come se non volessero staccarsene, e chi, dopo essersi ripulito, e agghindato a dovere, fa una capatina prima di tuffarsi nella vita notturna romagnola. Due modi di affrontare il mare e probabilmente la vita contrapposti, due filosofie antitetiche. Per tutti il mare è lì con le sue atmosfere, i profumi, quella lieve umidità che lenta arriva, e soprattutto i colori, capaci di variare con il lento approssimarsi del tramonto sull'acqua e su una bella porzione del cielo. Basta solo volerle cogliere, questa massa potenziale di emozioni è alla portata di chiunque decida di ravvivarsi.

Coppia trentenne con due figliolette. Devono essere dell'est, considerando l'aspetto biondiccio, e soprattutto l'italiano imperfetto. Le due bambine, sei-otto anni, sembrano dei confetti, dei bambolotti: vestitino rosa, stesso colore della coroncina tra i capelli, intrecciati magistralmente da nastri bianchi. "Zoe" esclama il papà, sottintendendo che deve mettersi in posa per la foto; ma la piccola inizia a piagnucolare e non gli dà retta. Anche la mamma interviene, ma lei intensifica i singhiozzi e non cede. Mentre l'altra rimane silenziosa e come sbigottita, non sa se gustarsi il mare o il dialogo; i genitori insistono con gli "Amore", "Dai", "Tesoro"…ma la risoluta risposta che riscuotono è: "Uee" "Uee"…Dopo una decina di minuti di suppliche, moine, capricci, dinieghi, smorfie, c'è la resa, e i quattro s'apprestano a rientrare. Inesorabilmente le protagonista si pavoneggiano imbrattate di sabbia, le trecce semisciolte, i nastri macchiati. I due confetti si sono trasformati in gelati alla stracciatella: sciolti.

No tatuaggi
No mascherina
Voto: Dati Ceausescu (ridateci Ceausescu)

Papà armeggia con un aquilone a forma di rondine giapponese, ma fatica enormemente a farlo decollare e la bambina implora e pretende che abbia successo. Dopo svariati tentativi, si solleva, volteggia aggressivo per venti, trenta, quaranta metri, per poi precipitare…e all'ultimo istante risalire. È una traiettoria idiosincratica, spezzettata, persino violenta, come solo gli aquiloni moderni sanno fare. Per farlo librare al meglio, s'inginocchia, come se volesse pregarlo, ma dopo cinque minuti di piroette, si tuffa in picchiata.
È il turno della madre, con mascherina. Lo rimette in volo e lui le ubbidisce. Quando un gabbiano s'avvicina e poi un altro: devono averlo scambiato per un fratello orientale. Ma ancora cade e a quel punto il papà si arrende e inizia a riporlo, mentre la donna incinta, paziente, riavvolge il lungo filo, meditando attonita, perchè consapevole che l'anno prossimo dovrà riavvolgerne due.

Tatuaggio: Solo sull'aquilone
Mascherina: Vedi sopra
Voto: Non 5 ma tutte le stelle

Coppia di colore venti-trenta anni. Elegantissimi, anche nell'incedere. Oltre a quella del mare, devono calcare chissà quali altre passerelle, visto che la discendono come autentiche star. Lei affusolata, porta pantaloncini bianchi attillati fino ai polpacci e camicetta blu cobalto. Gli orecchini tondi richiamano a un mondo esotico. Lui, tutto in bianco, camicetta e bermuda. Ben rasato e con barba corta e curata. Spiluccano cibo da una piccola busta bianca. Entrambi muniti di mascherina alle braccia. Giunti sul bagnasciuga, danno un'occhiata sfuggente al mare, e poi se ne tornano con la medesima cadenza nel loro mondo: la passerella.

Sembrano marziani catapultati in un pianeta straniero: modelli, ballerini, o forse impiegati in qualche discoteca,

No tatuaggi, all'apparenza
Si mascherina
Voto: Si candidasse, Giorgio Armani

Neanche farlo apposta, gli danno il cambio due trentenni italiani, in completo blu. Godono del sopraggiungere del tramonto; compunti scattano fotografie dal telefonino.

No tatuaggio
Si mascherine, indossate alla perfezione
Voto: non fosse per questo particolare, si direbbe
     Salvini.
     Poi lei esibisce una borsa gialla squadrata e
     firmata, mentre lui maneggia un cellulare di
     ultimo grido, allora si ha la conferma;
     votano Salvini, ma gli disubbidiscono.

Buaaa, Buaa. Prorompenti rompono l'idillio dei colori rame, fulvo, con contorni azzurrino, del sole al tramonto sopra Rimini. L'origine è legata allo stomaco e poi all'apparato tracheolaringeo di Andrei. Ma perché un contegnoso come lui, li ha emessi a squarciagola ? Due le ipotesi. Ha voluto esprimere un giudizio sulle ultime due visite, oppure semplicemente sono gli effetti dell'aranciata, sorseggiata poc'anzi, furtivo. Come terza ipotesi, meno plausibile, ha bevuto appositamente per dire finalmente la sua, almeno sugli ultimi visitatori.

Ormai le persone sono veramente poche. Alcune sopraggiungono solo a questa ora: per fare il bagno al cane, per correre, per gustarsi gli ultimi attimi della giornata al mare. L'oscurità avanza in contrapposizione alle luci multicolorate dello spazio urbano e anche una sorta di silenzio marino, agevolato dal calo della brezza, sembra voler lasciare il dominio al confuso frastuono antropico.

Settantenne in completo bianco. Bermuda, magliette a maniche lunghe, scarpette da jogging, cappellino e baffi. Per contrasto porta al guinzaglio un cane completamente nero. La mascherina è al braccio, ovviamente bianca, ma con uno sfizioso motivo vagamente semiarcobaleno.
La moglie è inespressiva. Lui parla solo col cane.

No tatuaggi
Si mascherina
Voto: Fratelli d'Italia

In lontananza, uomo leggermente barbuto e capelluto (elegantemente raccolti), soltanto in slip, si prodiga in esercizi. Spesso seduto, con le gambe raccolte e poi in verticale, per lunghi minuti. Armonico, simmetrico, disinvolto. Una sorta di yoga, meditazione, ma anche ginnastica. I pochi spettatori lo ammirano. È un tutt'uno con la sabbia, il vento e il mare. Mai come in questo caso la Romagna s'affaccia sull'Oceano. Sull'Oceano Indiano.

Tatuaggi: Boh
No mascherina
Voto: Partito Pensiero e Azione

Alle ore 20,21 rotola sul bagnasciuga un pallone variopinto; vi giocano, in un misto di calcio-volley, tre ragazzi e una ragazza ventenni. Prossimo all'acqua e leggermente staccato da loro, un amico, perseverante s'ostina a leggere, malgrado i disturbi di palla e sabbia sollevata. Gli atleti maschi hanno barbe, capelli e unghie trascurati. In tutta la giornata è stata l'unica persona incontrata a leggere un libro (avvisare il WWF). Dopo un quarto d'ora, vuoi per aver terminato un capitolo o la pazienza, ma anche per il sopraggiungere dell'oscurità, scatta in piedi e s'aggrega alla brigata, pronunciando: "Hei, non avete freddo?". Si ricompone, ordinato e più che correre, cammina.

No tatuaggi
No mascherina
Voto: In quattro Pd, uno Leu

È risaputo che questa è l'ora del calcio. Nella direzione opposta, a sud, si celebra uno spettacolo incantevole e senza dover pagare il prezzo del biglietto. Un quarantenne, probabilmente magrebino, munito soltanto di costume, delizia il probabile figlio e i pochi spettatori estasiati. Palleggia disinvolto e la sfera non vuol saperne di colpire terra: e quanto è difficile, da scalzi, sulla sabbia con una palla di plastica indurita e maledettamente viscida, dal contatto con l'acqua. Ma lui continua, per secondi, minuti. Anche Andrei si desta dal torpore e osserva incredulo: destro, sinistro, sulla spalla, di testa. Ad ogni tocco il figlio ha una parte del corpo scattante, vorrebbe emularlo o comunque partecipare, di tanto in tanto al miracolo. Ma niente: tac, tac, tac, plick (la spalla bagnaticcia). Il manipolo di spettatori se ne frega di mare, di tramonti e quanto altro riproponibile all'infinito, mentre quanto assistono è irripetibile.

Poi, improvviso, come se dopo averla sedotta decidesse di ignorare completamente la palla, chiama a sé il ragazzo e fatti alcuni passi in acqua, col corpo perlato di sudore, con la medesima armonia si lascia abbracciare dalle calde acque, nei pressi di una donna, con altri due bimbi al seguito. Gli spettatori continuano a seguirlo con lo sguardo, si aspettano da lui qualche altra acrobazia acquorea, ma è il momento del calore familiare e con la medesima naturalezza, adesso ammicca la compagna e sorride ai bambini, continuando a ignorare, le esigenze del suo pubblico adorante. Fedele all'etica kantiana, in tutto il suo agire ha solo fatto perché giusto che facesse e adesso non fa, perché è giusto non fare. Così come era entrato prepotentemente sulla scena, adesso non ne esce ma vuol far parte ideologicamente di quel mondo della massa indistinta, che in quanto coesa, diventa anche protagonista.

No mascherina
No tatuaggio
No scarpette coi tacchetti
Voto: A lui 10 e lode

Svariate sono le parlate, gli idiomi, e quant'altro, percepiti sul bagnasciuga. L'elenco procede in ordine crescente: spagnolo, francese, laziale, trentino, tedesco, arabo, veneto (gli ultimi tre sono molto vicini nei numeri), slavi (chi distingue il russo, l'ucraino, il polacco, ecc.), rumeno, bergamasco de hura, meneghino, bergamasco de hota, altri lombardi, reggiano (senza parmigiano), modenese, bolognese, romagnolo, e ovviamente, in maggioranza, il fiorentino moderno con tutte le sue inflessioni. Mai, dico mai, l'inglese. Sempre, dico sempre, interiezioni, monosillabi cosmopoliti. Come già riportato, un paio di rutti.

Mancano pochi minuti alle 21 e ormai la sola luce presente arriva dalla strada e dai bar illuminati. Ancora si intravedono persone sulla spiaggia e praticamente tutte appaiono appagate; tra queste spiccano anche per la palese trasformazione estetica, rispetto al mattino, quelle affaticate, ciacche, insaziabili, presenti da molte ore: sembra non vogliano staccarsene, un po' perché sulla via dell'evoluzione in anfibio, un po' perché a casa le aspettano piatti da lavare, docce e crema antiscottature; noi tra loro.

Così, ogni passo verso la civiltà diventa sempre più pesante e ripetute sono le pause e il volgersi indietro come se attratti delle sirene, da un soave richiamo.

Soltanto adesso afferiamo come il bagnasciuga sia molto di più di una minuscola striscia sul pianeta, dove il concentramento bipede, con tutti gli aggravi che ne conseguono, lo contraddistinguono. E' una soglia: tra finito e infinito, tra la realtà e i sogni, tra la memoria e il divenire. È un tempio. Per i più, dove celebrare i riti laici della spiritualità di popolo, ma ancora per qualcuno, dove mettersi davvero in relazione con il metafisico.

Dimenticavamo. Andrei è ancora al suo posto. Sarebbe il caso di avvisare i bagnini, così che l'indomani all'alba non lo ammassino con gli altri rifiuti.

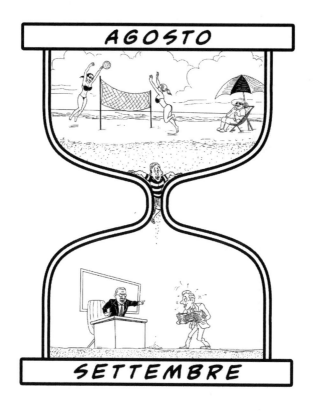

Printed in Great Britain
by Amazon

54500929R00047